LA PRISE DE BONE EN 1832

(EXTRAIT DES MEMOIRES DU GENÉRAL D'ARMANDY)

———

Nous pensons être agréables à nos lecteurs en mettant sous leurs yeux un fragment des Mémoires de M. le général d'Armandy. Ils liront sans doute avec plaisir l'émouvant récit des événements dramatiques qui amenèrent, en 1832, l'occupation définitive de Bone par la France. Cinquante ans se sont écoulés depuis l'accomplissement de ce fait d'armes, resté à bon droit légendaire, et il est intéressant de l'entendre raconter par celui qui eut l'honneur de l'accomplir [1]. (*Note de la Rédaction*).

I

Le 5 janvier 1830, après de glorieux combats et la prise du fort l'Empereur, la ville d'Alger se rendit par capitulation à l'armée française.

Le général de Bourmont, nommé maréchal, s'occupa de l'organisation du gouvernement de la province dont il avait pris la capitale et de la conquête des deux autres beïliks de la régence d'Alger (Oran et Constantine). Pendant qu'il faisait des reconnaissances aux environs d'Alger, en les poussant lui-

---

[1] Le général duc de Rovigo, rendant compte de ce brillant coup de main au ministre de la guerre, s'exprimait ainsi : « Je ne sais à quelle page de notre histoire remonter pour trouver une pareille action de courage. » En parlant de cette action, le maréchal Soult dit à la tribune que c'était le plus beau fait d'armes de notre siècle. (*Moniteur*.)

1

même jusqu'à Blidah, il fit partir une expédition, sous le
ordres du général Damrémont, pour aller prendre pied
Bone.

Les habitants de Bone reçurent avec joie les troupes fran
çaises, qu'ils regardaient comme venant les protéger contre le
vengeances du bey de Constantine, Achmet, dont ils avaie
secoué le joug.

A Oran, Hassan-bey, homme âgé et dégoûté du pouvoir, in
clinait à se soumettre à la France. Le maréchal lui dépêcl
un de ses fils pour recevoir sa soumission, et celui-ci n'atter
dait plus que les troupes qu'il avait demandées à son pè:
pour prendre possession de la ville et des forts qui enviror
nent Oran ; mais à peine l'expédition française arrivait-elle c
rade de Mers-el-Kebir que la nouvelle de la révolution c
Juillet la faisait rappeler à Alger, où on offrit au bey Hass:
de le conduire. Mais il refusa, disant qu'il se regardait, néai
moins, toujours comme le vassal du roi de France. Il remit, :
effet, la capitale, en septembre 1831, au général Boyer, q
vint prendre le gouvernement de la province d'Oran.

Le même événement qui empêcha l'occupation d'Oran c
1830 motiva l'évacuation de Bone, occupée, comme nous l'
vons dit, par le général Damrémont, le maréchal de Bourmo:
ayant voulu concentrer toutes ses forces à Alger, afin d'êt
en mesure de ramener l'armée en France au secours c
gouvernement de Charles X.

Ce mouvement rétrograde fut attribué à la crainte par I
Arabes, qui n'avaient pas cessé de harceler les Français per
dant tout le temps de leur séjour à Bone ; il devait avoir I
plus fâcheux résultats pour les habitants de cette ville, sa:
être d'aucune utilité pour le roi, qui avait quitté son royaum

Le 2 septembre 1830, le vaisseau qui portait le successe.
du maréchal parut en rade d'Alger. Le même jour, le génér
Clauzel reçut le commandement de la main de son devanci
qui quitta Alger le lendemain, sur un brick autrichien, qui

transporta, avec deux de ses fils, à Mahon, où il avait désiré se rendre.

A peine installé, le général Clauzel songea à étendre la domination française et à la porter même au delà de l'Atlas. Son expédition sur Médéah, l'occupation de cette ville, après un rude et glorieux combat pour enlever le col de Mouzaia aux Arabes, qui le défendirent avec acharnement, fut à peu près le seul événement considérable du gouvernement de ce général ; il fut rappelé en février 1831.

Le général Berthezène, qui vint le remplacer, avait commandé une division lors de la conquête. Sa première occupation à son arrivée fut de réglementer quelques détails administratifs et d'organiser le service de la douane. Il fit ensuite quelques excursions dans la Métidja, où il châtia, avec une juste sévérité, plusieurs tribus qui interceptaient les communications avec l'intérieur. A Médéah, la faible garnison laissée par le général Clauzel pour garder et protéger le Maure Mustafa-ben-Omar, nommé bey de Tittéry, se trouvait bloquée dans l'intérieur de la ville, où le bey ne jouissait d'aucune autorité.

La situation de ce poste éloigné était faite pour préoccuper le gouverneur, et, comme il ne pouvait songer à augmenter assez sa garnison pour lui permettre de dominer le pays, il dut se résigner à l'évacuation de Médéah. Le général Berthezène se mit donc à la tête d'une colonne de 5,000 hommes et arriva à Médéah sans avoir tiré un coup de fusil. Il en retira la garnison et reprit la route d'Alger. Mais, au retour, il fut vivement poursuivi, et ce ne fut pas sans livrer quelques rudes combats qu'il put arriver dans le Sahel.

A cette époque, les Arabes des environs d'Alger avaient repris leurs relations commerciales avec la ville, dont ils approvisionnaient le marché, et ils paraissaient se dépouiller un peu de leur haine fanatique.

Ces heureux résultats, qu'on pourrait attribuer en partie

à la conduite ferme et prudente du gouverneur, furent attristés par les suites malheureuses d'une petite expédition qu'il avait envoyée à Bone afin d'y reprendre la position perdue en 1830.

II

Abandonnés par les Français, qu'ils venaient d'accueillir, les habitants de Bone n'avaient pas perdu courage, et, quoique restés seuls pour résister aux attaques des soldats du bey Achmet et des Arabes, ils fermèrent leurs portes, désenclouèrent quelques pièces et repoussèrent loin de leurs murailles les assaillants rebutés.

Les troupes du bey se bornèrent alors à bloquer la ville, dont l'approvisionnement devint si difficile, qu'ils envoyèrent par mer une députation au gouverneur général pour lui demander de les protéger.

Le général Berthezène, jugeant avec raison qu'il ne devait pas laisser échapper cette occasion de reprendre pied dans la province de Constantine, accueillit favorablement cette demande et fit partir pour Bone, sur les corvettes la *Créole* et l'*Adonis*, une compagnie de zouaves (Arabes avec cadre français), commandée par le capitaine Bigot, sous les ordres du commandant Huder, officier d'état-major qui, ayant servi en Morée, passait pour connaître les Orientaux.

A Bone, on fit quelques difficultés pour les recevoir. Il fallut, par transaction, laisser à bord le fanion français et les tambours. Une fois débarqué, Huder dut partager ses hommes en deux groupes pour calmer l'esprit de méfiance des Arabes.

Il y avait alors à Bone un Turc, nommé Ibrahim, ancien bey de Constantine. Ibrahim-bey, destitué par le dey d'Alger, Hussein, avait accompli le pèlerinage de la Mecque, d'où il était revenu avec une réputation de sainteté ; il ne paraissait occupé que de pratiques religieuses. Arrivé à Bone, il avait cultivé la confiance du commandant Huder, qui voyait en lui un compétiteur d'Achmet-bey. Huder habitait la Casbah, occupée par la moitié des zouaves et quelques canonniers turcs et arabes. L'autre section des zouaves était logée en ville, ainsi que les officiers de la compagnie. Huder avait contracté la mauvaise habitude de descendre déjeuner avec ceux-ci. Ibrahim avait remarqué cette négligence, et, sous le prétexte d'une dévotion particulière à la mosquée de la Casbah, il venait y dire la prière de midi. Il est facile de comprendre l'ascendant que prenait journellement sur les fidèles musulmans de la garnison de la Casbah le hadji de grande réputation qui les haranguait.

Un jour, le 26 septembre 1831, l'ancien bey Ibrahim entra à la Casbah comme à l'ordinaire, et s'étant adressé aux musulmans, sans être compris par les sous-officiers français, il les porta à s'insurger. En un instant, les Français furent garrottés et la porte de la Casbah fermée. Quand Huder remonta de la ville, il vit aux créneaux Ibrahim qui lui signifia avec hauteur de se retirer. Indigné de cette trahison, Huder revint avec sa section de zouaves engager un combat trop inégal contre la garnison soulevée de la Casbah. Il lui fallut rétrograder dans la ville, dont il trouva la population en armes. Il demanda alors du secours aux deux bâtiments de guerre qui se trouvaient en rade, la corvette la *Créole* et le brick l'*Adonis* ; les compagnies de débarquement arrivèrent, un combat s'engagea dans les rues contre les musulmans embusqués. Bref, après avoir essuyé des pertes très graves, il fallut regagner les navires sous une fusillade meurtrière.

Les corvettes alors bombardèrent la ville, mais cela ne pouvait amener aucun résultat utile.

Le commandant Huder et le capitaine des zouaves étaient au nombre des morts. Le lendemain matin, Ibrahim-bey renvoya à bord, par un canot parlementaire, les sous-officiers arrêtés dans la Casbah et deux blessés. Il rejetait sur un malentendu tout ce qui était arrivé et on rejetait la responsabilité sur le commandant Huder.

Soixante zouaves avaient disparu. La plupart étaient passés à l'ennemi ; les autres étaient morts. Une vingtaine de marins avaient été tués.

Les corvettes revinrent à Alger raconter ce désastre.

Cet événement malheureux fut sévèrement jugé par le gouvernement métropolitain et motiva le rappel du général Berthezène, qui fut remplacé par le duc de Rovigo, ancien aide de camp de Desaix, devenu ensuite le fanatique serviteur de l'Empereur. Il arriva en Afrique imbu des traditions impériales. Sa fermeté fut quelquefois taxée de cruauté, mais c'était peut-être le vrai moyen, au moins dans ces premiers temps, de soumettre un peuple accoutumé depuis longtemps à ne reconnaître d'autre droit que la force, et toujours enclin à mettre sur le compte de la faiblesse ou de la crainte ce qui n'est que de la modération.

A peine était-il arrivé à Alger, qu'une nouvelle députation de Bone débarqua dans le port. Toujours étroitement bloqués par l'armée de Constantine, aux ordres de Ben-Aïssa, les malheureux habitants de la ville étaient réduits aux dernières extrémités, et l'auteur du guet-apens que nous venons de raconter, Ibrahim, se voyant dans une situation à peu près désespérée, venait avec la population implorer l'oubli du passé et demander des secours qui pussent les soustraire aux ressentiments d'ennemis implacables.

Le duc de Rovigo aurait bien voulu, comme son prédécesseur, accepter ces propositions ; mais des instructions péremptoires lui avaient été données. Elles lui interdisaient toute nouvelle tentative de s'emparer de Bone. Il ne put donc donner aux députés que l'espérance de venir à leur secours lorsqu'il serait bien assuré de leur repentir. Ce fut dans le but de se procurer des renseignements précis à ce sujet que, dans les premiers jours de février 1832, il envoya à Bone, sur la goëlette de guerre la *Béarnaise,* le capitaine Jusuf, des chasseurs algériens, qui reçut l'ordre d'aller, avec les députés de Bone, pour s'assurer de l'état des choses et juger jusqu'à quel point on pouvait compter sur des promesses qui avaient été si mal tenues une première fois.

Le capitaine Jusuf entrait alors dans cette carrière qu'il a parcourue avec tant d'éclat et qui s'est malheureusement terminée trop tôt pour ses amis et pour tous ceux qui l'ont connu personnellement. Comme il a joué un rôle important dans l'épisode que je me propose de raconter, le lecteur sera sans doute bien aise de trouver ici quelques détails sur la véracité desquels il peut compter.

En 1814, Jusuf était un bel enfant de huit à dix ans ; il se rappelait avoir été caressé par la princesse Borghèse (Pauline Bonaparte), lorsqu'elle vint voir son frère à l'île d'Elbe. Après le départ de l'Empereur, au mois de février 1815, les parents du jeune Jusuf, dont je tairai le nom, puisqu'il n'a jamais voulu les faire connaître qu'à quelques intimes et sous le sceau du secret [1], se décidèrent à l'envoyer en Italie pour commencer son éducation.

Embarqué sur une balancelle, qui devait le conduire à Piombino, il fut enlevé par un corsaire tunisien qui, à son retour en Barbarie, le vendit ou le donna au bey de cette régence. Ce prince, charmé de la grâce et de la gentillesse de son nouvel esclave, le mit au nombre de ses mamelucks et le fit élever avec eux dans l'intérieur de son palais.

Richement doué par la nature, Jusuf profita si bien des leçons qui lui étaient données qu'il se distingua parmi tous ses camarades par ses progrès en tous genres et son adresse à tous les exercices du corps. Aussi, à mesure qu'il grandissait, le bey s'attachait à lui chaque jour davantage, en sorte qu'il

---

[1] Jusuf n'avait jamais pu pardonner à ses parents de n'avoir pas cherché à le racheter, comme ils auraient pu le faire.

semblait destiné aux plus grandes dignités de ce gouvernement.

Un événement dont il est impossible de savoir la véritable
cause, soit intrigue de cour ou d'amour, fit perdre tout à coup
à Jusuf l'amitié de son maître. Il fut forcé, pour sauver sa
tête, de venir se réfugier chez le consul de France, M. de
Lesseps (père de M. Ferdinand de Lesseps). Celui-ci, crai-
gnant bientôt de ne pouvoir le protéger assez efficacement
contre le courroux du bey, se hâta de le faire embarquer à
bord d'un brick de guerre français, l'*Adonis*, qui se trouvait
en rade de la Goulette, et l'amena à Alger. En y arrivant,
Jusuf, dénué de toutes ressources, demanda à servir la France,
et le maréchal de Bourmont lui confia un emploi dans la
police de la ville. Ces fonctions ne pouvaient guère convenir
au caractère et aux aspirations du jeune cavalier, qui fut très
heureux, à l'arrivée du général Berthezène, de se voir attaché
à l'état-major général en qualité d'interprète. Il fit ainsi la
campagne de Médéah et sut si bien s'y faire remarquer par son
zèle, son intelligence, son activité et sa bravoure, qu'au retour à Alger il fut nommé capitaine dans le corps indigène que
l'on organisait alors sous le nom de Chasseurs algériens [1].

En le choisissant pour l'envoyer à Bone, le duc de Rovigo
prouva la justesse de son coup d'œil et la profonde connaissance des hommes qu'il avait acquise dans le maniement des
grandes affaires de l'Empire.

En effet, parlant l'arabe et le turc aussi bien, sinon mieux,
que l'italien, sa langue maternelle, élevé à la cour de Tunis et
initié, dès ses plus jeunes années, à toutes les ruses et dupli-
cités des gens auxquels il allait avoir affaire, personne ne
convenait mieux à cette mission que le capitaine Jusuf, qui
justifia pleinement la confiance qu'on lui avait montrée et qui
revint bientôt avec les renseignements qui allaient décider la
conduite ultérieure du gouverneur général.

[1] Jusuf avait sauvé la vie du général Berthezène dans une surprise.

La *Béarnaise* quitta Alger le 2 février 1832. Elle essuya le 4 une tempête épouvantable, où elle courut les plus grands dangers. Sauvée comme par miracle, elle put se réfugier au mouillage de l'île de Galita. Le 7, elle mouillait à Bone et, le lendemain, Jusuf montait à la Casbah, après s'être fait donner trois otages réclamés nominativement, d'après les indications des députés boniens. Il fut reçu honorablement par Ibrahim-bey, qui lui remit la réponse écrite à la lettre du gouverneur général. Cette réponse disait en substance : La ville et la Casbah, étroitement assiégées, sont à court de vivres ; que le gouverneur les ravitaille et Ibrahim-bey se reconnaîtra vassal de la France, et la ville lui paiera tribut.

Le capitaine Jusuf avait vu une belle garnison bien armée, en partie avec les fusils français des zouaves et des marins. Sur la porte de la Casbah, un certain nombre de têtes. Etaient-elles celles de nos compatriotes ?

D'après son rapport et sur les nouvelles et pressantes instances des députés de Bone, qui étaient revenus avec lui sur la *Béarnaise*, à Alger, le duc de Rovigo, toujours retenu par ses instructions et n'ayant pu encore en recevoir de nouvelles, malgré son insistance, ne pouvait envoyer une expédition capable de secourir efficacement la malheureuse ville assiégée qui s'offrait à lui. Il dut donc se borner à prendre un moyen terme qui, en aidant les habitants à prolonger leur défense, leur permît d'attendre l'autorisation qu'il avait sollicitée de les délivrer de leurs ennemis.

Il chargea de cette mission le capitaine d'Armandy, en lui donnant verbalement les courtes instructions suivantes : — Empêchez que la ville de Bone ne soit prise avant un mois ou six semaines ; alors j'y enverrai des troupes pour la défendre, ou bien un bâtiment qui vous ramènera.

A ces instructions succinctes, le général Trézel, chef d'état-major général, en joignit de plus détaillées et, le 17 février, la *Béarnaise* remit à la voile, emportant les capitaines d'Armandy et Jusuf, deux sous-officiers d'artillerie (Colomb et Charry), le canonnier Montech et les députés de Bone.

La *Béarnaise* devait convoyer ou remorquer une balancelle chargée de vivres, la *Casauba*, portant environ 30,000 rations en farine, biscuits et riz.

La *Béarnaise* avait l'ordre de laisser à Bone M. d'Armandy avec ses canonniers, les députés de Bone et la balancelle. Elle devait ensuite se rendre à Tunis, avec le capitaine Jusuf, sous prétexte de jeter les bases d'un achat de chevaux.

III

Le capitaine d'Armandy, dont le gouverneur général avait fait choix pour lui confier cette mission hasardeuse, était un officier d'artillerie qui, rayé des contrôles de l'armée en 1825 et mis sous la surveillance de la police à cause de son attachement à l'Empereur, avait dû s'expatrier et rester loin de sa famille et de la France jusqu'en 1831, époque où il avait été réintégré dans l'artillerie. Pendant les seize années passées dans l'exil, il avait parcouru une grande partie de l'Asie et y avait acquis la connaissance de la langue arabe et celle des mœurs et habitudes des Orientaux. Arrivé à Alger seulement depuis le 20 janvier, il avait été attaché à l'état-major général du duc de Rovigo.

Après neuf jours de traversée, la *Béarnaise* arrivait pour la seconde fois et jetait l'ancre, dans la matinée du 26 février, en rade de Bone. Aussitôt après le mouillage, les députés descendirent à terre, pour annoncer à Ibrahim-bey et à leurs compatriotes l'arrivée du consul, titre officiel donné au capitaine d'Armandy, et pour préparer la réception de ce représentant de la France.

Dans l'après-midi, celui-ci, accompagné de tout l'état-major de la goëlette et du capitaine Jusuf, descendit à terre à son

tour. Il fut reçu par une députation envoyée de la Casbah et
par une nombreuse partie de la population de la ville, qui se
pressait pour le voir. Le consul s'achemina, suivi de son cortège, vers la Casbah, citadelle entourée de murs fort bien en-
tretenus et armés de 43 pièces de canon. Elle domine la ville
et la surplombe d'environ 60 mètres. Ibrahim ne sortait jamais
de son enceinte, d'où il pouvait protéger la ville et la maintenir dans l'obéissance qu'il lui avait imposée, depuis qu'il s'y
était établi avec environ 150 Turcs et Arabes, attachés à sa
fortune. Cet Osmanli, rusé et cruel, comme il l'avait bien
prouvé à la fin de l'année précédente, était le véritable maître
de Bone. Le consul et son cortège eurent bientôt franchi la
porte de la citadelle et se trouvèrent en présence de ce Turc
encore tout couvert du sang du commandant Huder et de ses
soldats. Il était dans son divan, assez grande salle d'une maison, placée dans le bastion nord de la Casbah. Ce bastion pouvait être considéré comme le réduit de la citadelle, car il était
plus élevé que le reste du terre-plein ; il en était séparé par un
mur fort épais et susceptible d'une bonne défense ; on n'y pouvait accéder que par une voûte assez longue, fermée d'une
porte épaisse.

Ibrahim-bey, qui s'était entouré de toute la pompe qu'il lui
avait été possible de déployer, était un homme ayant dépassé
la cinquantaine, de haute stature et d'une constitution athlé-
tique. Sa figure, ornée d'une longue barbe qui commençait
à grisonner, avait les grands traits réguliers assez ordinaires
aux gens de sa nation. Ses grands yeux noirs, profondément
enfoncés sous leurs arcades garnies de sourcils épais, et sa
bouche, presque cachée par de grandes moustaches, pouvaient
seuls donner un léger indice de la violence des passions et du
caractère de cet homme. Son costume et tout ce qui l'entourait ne faisaient que confirmer cette impression. Vêtu à l'ancienne mode turque, il portait à la ceinture une paire de longs
pistolets et un yatagan montés en argent. Son sabre, égale-

ment à fourreau d'argent, était près de lui, sur le sofa où il
était assis, les jambes croisées. Au-dessus de sa tête, une hache
au tranchant affilé, surmontée d'un fer de lance, et un fusil au
canon d'une longueur extraordinaire, dont le bois et la crosse
étaient ornés d'incrustations en nacre de perles. Ces deux
armes demandaient un bras vigoureux pour être maniées,
mais alors elles devaient être terribles.

Tous ces objets se reflétaient dans quelques glaces de Ve-
nise, qui ornaient les murs de cette salle d'audience un peu
barbare et qui accusait, malgré tout ce qu'on avait fait pour
le dissimuler, la gêne de celui qui l'habitait.

Malgré cet état de gêne, Ibrahim-bey y reçut et rendit, avec
une gravité majestueuse, les saluts des arrivants. Le café ayant
été servi, selon la coutume orientale, le consul lui expliqua
quel était l'objet de sa mission, en lui disant qu'il était venu,
par ordre du gouverneur général, pour l'aider, ainsi que les
habitants, à défendre la ville et la citadelle ; que les députés,
revenus d'Alger avec lui, avaient promis, en son nom et au
leur, de remettre ces places à la France dès qu'elle enverrait
des troupes capables de les protéger ; qu'il avait amené avec
lui une felouque chargée de vivres, qui devait rester dans le
port ; qu'il partagerait avec plaisir ces vivres entre la garnison
de la Casbah et la population de la ville, qui lui avait paru en
avoir un si pressant besoin ; qu'il regrettait de ne pas en avoir
davantage.

A ces ouvertures, Ibrahim répondit, sans s'expliquer relati-
vement à sa soumission à la France, qu'il recevrait les vivres
avec reconnaissance ; que, quant au reste, il s'expliquerait
avec le consul lorsqu'il se serait reposé des fatigues de son
voyage ; que, pour qu'il pût le faire, il lui avait fait préparer,
aussi bien que ses moyens le lui permettaient, un logement où
il espérait qu'il se trouverait bien et où il allait le faire conduire.

Cette audience ainsi terminée, le consul se retira avec ses

amis, accompagné jusqu'à la voûte du réduit par Ibrahim, qui
donna l'ordre à quelques-uns de ses officiers de l'escorter
jusqu'à sa demeure, en ville, où, dès le soir même du 26 février,
il se trouva seul avec ses deux maréchaux de logis et son
canonnier. Après avoir pris congé des amis qu'il s'était faits
pendant sa traversée, il vit, d'une des fenêtres de la maison
où il était logé, la *Béarnaise* lever l'ancre, s'éloigner et dis-
paraître dans l'est, se dirigeant vers sa nouvelle destination.

Ainsi livré à lui-même et à ses seules ressources, il réfléchit
longtemps à sa position, sur les difficultés de laquelle il ne se
fit aucune illusion, car il avait bien compris, par la réponse
évasive et surtout par l'expression de la figure d'Ibrahim-bey,
qu'il était fort peu disposé à remettre son sort et sa personne
entre les mains des Français et qu'il n'userait de ménage-
ments qu'autant que cela serait nécessaire dans son intérêt
personnel. D'un autre côté, après avoir longuement
conféré avec les autorités de la ville, il avait acquis la triste
certitude que, si les habitants étaient prêts à tenir leur promesse, ils étaient réduits à un tel excès de misère qu'ils mou-
raient littéralement de faim, ce qui pouvait les porter d'un
moment à l'autre à faire la folie d'ouvrir leurs portes aux
ennemis.

Telles étaient les difficultés réellement insurmontables auxquelles il s'agissait de faire face en trouvant la moins mauvaise solution possible. Ce fut le sujet des méditations du
consul pendant toute cette première nuit passée dans la ville,
qu'il avait promis au gouverneur général de garder au moins
pendant un mois.

Le lendemain, s'étant arrêté au parti qui lui parut le moins
mauvais à prendre, il sortit, accompagné de ses deux sous-
officiers et de quelques-uns des principaux habitants, afin
d'aller faire le tour des remparts, qu'il trouva fort en état de
résister aux attaques d'une armée sans artillerie, comme

l'était celle de Constantine, dont il aperçut les tentes et les gourbis, à deux kilomètres de distance. Après avoir fait sa ronde, il s'achemina seul vers la Casbah, dont la porte lui fut ouverte dès qu'il se présenta, et, ayant demandé à voir le bey, il fut immédiatement conduit à son divan, où il le trouva en conférence avec ses premiers officiers. Le consul, jugeant qu'il était bon qu'il se mît tout d'abord sur un pied d'égalité avec Ibrahim, lui dit qu'il était venu pour lui apprendre qu'il lui ferait délivrer chaque jour autant de rations qu'il avait de soldats auprès de lui, et qu'il le priait, en conséquence, de lui en dire le nombre. A cette brusque et franche déclaration, les yeux du bey lancèrent des éclairs, qui montraient la colère qu'il en éprouvait, mais il sut se contenir et, après avoir remercié de ce qu'on voulait bien l'aider à nourrir les cent trente hommes qui défendaient la Casbah avec lui, il chercha par tous les moyens possibles à persuader au consul qu'il valait bien mieux approvisionner la citadelle qui était la véritable clef de la position, de manière à la conserver, quel que fût le sort de la ville; qu'il pouvait venir y loger avec lui et qu'il y serait traité avec tous les égards dus au représentant de la France.

Mais toutes ses instances vinrent se briser contre une résolution inébranlable; et assurément si les vivres n'eussent pas été à bord de la felouque mouillée au large et dont le capitaine, le brave Reïs-Mohammed, avait ordre de mettre à la voile et de s'éloigner à la moindre démonstration suspecte, sans doute, Ibrahim n'eût pas traité le consul autrement que le commandant Huder. Mais, dans la situation où se trouvait Ibrahim, manquant de vivres tout à fait, force lui fut d'accepter les conditions auxquelles on lui en offrait.

Cette affaire de la citadelle réglée, restait celle de la ville, qui n'était pas moins ardue, car il s'agissait d'annoncer aux habitants qu'il était tout à fait impossible de leur fournir la quantité de vivres dont ils avaient réellement besoin. Redes-

cendu en ville, le consul engagea les membres du medjelié, ou
conseil municipal, à se rendre chez lui ; et lorsqu'ils y furent
réunis, il leur annonça qu'il était impossible, à son grand regret, de leur faire distribuer plus de 600 rations par jour, qui
seraient données à ceux qui étaient le mieux en état de concourir à la défense de la ville, jusqu'à l'époque où arriverait
le secours promis par le gouverneur général [1]. A cette déclaration répondirent les gémissements des assistants, qui
s'écrièrent les larmes aux yeux :« Comment veux-tu que nous
puissions manger le morceau de pain que tu nous offres, lorsqu'il ne servira pas à calmer la faim de nos enfants et de nos
familles ? »

L'impérieuse nécessité où il se trouvait de faire son possible
pour tenir sa promesse d'empêcher la prise de Bone pendant
un mois ou six semaines, put seule rendre le consul sourd à
ces paroles navrantes. Il savait que tous les vivres embarqués
sur la felouque n'auraient pas suffi pour nourrir la population
pendant une semaine. Il résista donc à son émotion, signifia
qu'il ne pouvait faire davantage, et dans la ville comme dans
la Casbah, on dut se soumettre à sa volonté.

Aussitôt ces dispositions arrêtées, il envoya l'ordre au Reïs-
Mohammed de se rapprocher et de venir mouiller dans l'anse
du Kasr-Aïn, point le mieux abrité de toute la rade. Lors-

[1] La *Casauba* contenait trente mille kilos de vivres, biscuits, farine de froment
et riz, soit trente mille rations. En donnant 150 rations à la Casbah, 600 à la
ville, cela faisait 750 rations par jour, c'est-à-dire des vivres pour quarante jours.
Mais la ville contenait approximativement 5,000 habitants. Il y aurait donc 4,000
âmes à souffrir de la faim. C'était un problème impossible à résoudre.

Il est véritablement incroyable que le duc de Rovigo ait mis une pareille parci-
monie dans le secours qu'il envoyait. Il fallait que lui-même eût les mains liées par
des ordres supérieurs bien formels. Cela, du reste, paraît bien évident par le
choix insensé d'une chétive goëlette et d'une balancelle pour remplir une pareille
mission pendant l'hiver sur les côtes d'Alger, alors qu'il avait à sa disposition des
vapeurs et des corvettes à voiles. Pour avoir, de son côté, les chances d'empêcher la
reddition de la ville, il aurait fallu 150 à 200,000 rations. Mais la rade de Bone
n'est pas tenable pendant l'hiver. On pouvait risquer une balancelle, mais on n'aurait osé le faire pour un grand navire.

qu'il y fut mouillé, il fit prendre à son bord 750 rations qui furent réparties 600 en ville et 150 à la citadelle ; celle-ci fut mieux traitée, tant à cause du bey que de l'importance de sa position. Le consul espérait, en outre, que sa générosité en faveur des soldats turcs ne serait pas perdue, s'il ne pouvait pas se maintenir en ville et qu'il fût obligé de se retirer dans la Casbah.

Tout ayant été ainsi réglé, le moins mal qu'il était possible pour atteindre l'époque probable de l'arrivée du secours, chaque matin, la chaloupe de la *Casauba* apportait les vivres, qui étaient distribués sous la surveillance de l'un des maréchaux des logis. Cette situation, ayant l'avantage de disposer en faveur de la France les hommes les plus vigoureux de la ville et la garnison de la Casbah, n'aurait laissé aucune inquiétude pour l'avenir, si la jalousie de ceux qui ne participaient pas aux distributions n'eût montré clairement leurs souffrances et fait craindre qu'ils ne cédassent aux mauvais conseils de la faim. Vainement le consul, qui parcourait la ville plusieurs fois par jour, tâchait de relever et soutenir leur courage en leur promettant de ne pas les abandonner et de hâter de tout son pouvoir l'arrivée de nouveaux secours, leur représentant qu'il n'y avait de salut pour eux que dans la prolongation de leur défense ; car, si la ville venait à être prise, ils devaient s'attendre aux plus grands malheurs.

A la citadelle, où il montait aussi tous les jours, tout le monde lui faisait l'accueil le plus gracieux et le traitait comme un protecteur ; ce qui était désagréable à Ibrahim, quoiqu'il cherchât à le dissimuler. Le bey renouvelait souvent sa demande d'être approvisionné pour un mois ou deux, qui lui était constamment refusée ; ce qui augmentait son irritation, sans qu'il pût songer à se venger, car ses magasins étaient vides et l'armée de Ben-Aïssa était toujours campée dans la plaine, comme le tigre qui guette sa proie.

Ce calme apparent n'empêchait pas de voir que la situation

devenait de plus en plus critique, à mesure que les souffrances de la faim devenaient plus aiguës. Quelques habitants, que le consul s'était plus particulièrement attachés, le prévinrent même de se tenir sur ses gardes et lui offrirent de venir s'installer dans sa maison et de partager sa fortune. Le consul accepta cette offre et commença à songer aux moyens d'assurer le salut de ceux qui étaient sous sa protection, en ménageant leur retraite et la sienne, si la ville venait à être surprise ou livrée. Il fit donc préparer une corde qui, d'une de ses fenêtres donnant sur le port, permettrait de se retirer par cette voie si la porte de la marine n'était pas libre, et la chaloupe de la balancelle eut l'ordre de venir chaque soir mouiller près de la jetée. Enfin, comme ressource dernière et pour éviter de tomber vivant entre les mains des soldats de Constantine, il fit placer un baril de poudre dans une salle basse; il aurait donc pu, au dernier moment, faire sauter la maison.

Ces précautions prises, il attendit les événements, faisant des rondes fréquentes sur les remparts.

Dans la nuit du 4 au 5 mars, vers dix heures du soir, un de ceux qui étaient devenus ses hôtes accourut et le prévint que la ville était livrée et que les soldats de ben Aïssa, introduits par le Muphti dans l'intérieur de la grande mosquée, ne tarderaient pas à descendre vers la porte de la marine.

Cette nouvelle parut au consul tout d'abord impossible, car il venait de passer, peu d'instants avant, dans le quartier de la grande mosquée, qui lui avait paru aussi silencieux que le reste de la ville. Il allait donc sortir de nouveau, afin de se renseigner, lorsque des cris parvinrent à ses oreilles. Il n'y avait plus de doute possible et il fallait s'enfuir sans perdre de temps. La porte de la maison fut donc solidement barricadée et tout le monde put descendre par la corde à nœuds. On se jeta dans la chaloupe qui prit le large, sur-le-champ, saluée de quelques coups de fusil, heureusement inoffensifs.

On entendit alors distinctement les crieurs de ben Aïssa,

2

annonçant merci et protection à tous ceux qui n'opposeraient pas de résistance.

A peine arrivé à bord de la balancelle, le consul ordonna au reïs de lever l'ancre et de courir de petites bordées jusqu'au jour.

IV

Lorsque le soleil se leva, la rade étant toujours solitaire, on se rapprocha de la ville et l'on mouilla *la Casauba* hors de portée du canon de la ville. A la distance où l'on se trouvait, il n'était pas possible de voir ce qui se passait et l'on était dans une grande anxiété, lorsqu'on vit un bateau, portant pavillon blanc, se diriger vers la balancelle. Comme il ne contenait que quelques personnes paraissant sans armes, on l'attendit et l'on reconnut bientôt le Muphti, le Cadi, et d'autres notables entourant un personnage, qui fut reconnu également pour être Ali Aga, le commandant de la cavalerie du bey de Constantine.

Le bateau ayant accosté la balancelle, Ali Aga, suivi des notables, monta à bord et s'annonça au consul comme l'envoyé du général ben Aïssa, pour le prier de descendre à terre, afin de recevoir l'expression de ses regrets qu'il eût quitté la ville, où les ordres les plus sévères avaient été donnés pour que sa maison, et tout ce qu'elle contenait, fût respecté comme chose sacrée, parce qu'il désirait conférer avec lui et lui faire part des intentions de son maître Achmet bey; qu'en conséquence il espérait qu'il accepterait l'invitation de venir le voir dans son camp.

Pareille proposition, faite de la part d'un arabe dont le consul connaissait la réputation, demandait à être réfléchie avant d'être acceptée ; aussi le consul se borna-t-il à répondre qu'il était flatté de l'invitation, mais qu'avant de se rendre

près du général, il avait quelques ordres à donner; et, s'excu-
sant de laisser Ali Aga seul, il entra dans la cabine, où il
appela reïs Mohammed et les habitants de Bône, tant ceux
qui l'avaient suivi la veille, que ceux qui venaient d'arriver.

A peine furent-ils entrés, que le Muphti, les larmes aux yeux,
reconnut qu'il avait commis une grande faute, en ajoutant foi
aux promesses qu'on lui avait faites de respecter la vie, la
liberté et les biens de ses concitoyens, pour l'engager à livrer
la ville ; promesse que l'on menaçait d'oublier en la livrant
au pillage, si le consul refusait de venir s'aboucher avec ben
Aïssa. Le Cadi et les autres confirmèrent ses paroles et joi-
gnirent leurs instances à celles du Muphti pour l'engager à accepter l'invitation qui lui était faite et pouvait seule, disaient-
ils, détourner de leurs têtes les malheurs qui les menaçaient.

D'un autre côté, le reïs Mohammed et ceux qui s'étaient
sauvés de Bone avec lui l'engageaient vivement à ne pas se
fier à la parole d'un homme sachant si mal tenir ses promesses
et qui était très capable, lorsqu'il serait en son pouvoir, de
l'envoyer à Constantine, d'où il ne reviendrait probablement
jamais.

Le consul comprenait fort bien à quel danger il allait s'exposer, mais il était touché par les prières et les larmes de ses
visiteurs, et il voulait risquer tout pour le succès de sa mission.
Il se décida donc à descendre à terre pour plaider la cause
des habitants de Bone et pour profiter de tout ce qui pourrait
s'offrir à lui pour atteindre le but qu'il se proposait.

Retournant alors auprès d'Ali-Aga, il lui dit qu'il était prêt
à se rendre auprès de ben Aïssa, si lui, de son côté, ne refusait
pas d'attendre son retour, à bord de la balancelle, qui par-
tirait le soir même pour Alger, s'il n'y était pas revenu avant
la nuit.

Ali accepta sans difficulté et comme une chose toute natu-
relle, en sorte que le consul, pensant qu'il était plus dans ses
intérêts de montrer une confiance entière que d'avoir un otage

qui pourrait ne le garantir de rien, ordonna à reïs Mohammed de l'attendre jusqu'à la nuit et de retourner à Alger, s'il n'était pas revenu alors. Il engagea Ali Aga à descendre le premier dans le bateau où il le suivit avec les notables et ils se dirigèrent vers la jetée. En approchant, ils virent qu'elle était couverte ainsi que la plage d'une foule de soldats armés, dont les cris et les injures montraient clairement quelle eût été leur conduite la nuit précédente, malgré les recommandations de leur général, si le consul était resté dans sa maison.

Leur air et leur attitude étaient même alors tellement hostiles, que le consul s'applaudit d'avoir Ali Aga près de lui. En effet, Ali, appelant quelques-uns des siens, leur ordonna d'ouvrir le passage et de le suivre jusqu'à un marabout situé à un kilomètre de distance, près du pont de la Mebroudja, où se trouvait le général. Celui-ci, à l'approche du consul, vint au-devant de lui avec courtoisie, le conduisit vers le marabout, ordonnant à ses chaouchs d'en éloigner tous les curieux et d'en interdire l'entrée à tout le monde.

Lorsqu'ils furent seuls, assis sur un tapis, ben Aïssa commença la conversation par lui répéter ce qu'Ali Aga lui avait déjà dit de sa part, l'assurant en outre que la prise de Bone ne devait pas être jugée comme un acte d'hostilité envers la France, avec laquelle son maître désirait vivement au contraire établir les relations les plus amicales et conclure une paix également avantageuse aux Français et aux Arabes. Qu'aussi en lui ordonnant de punir des sujets rebelles, son maître lui avait recommandé d'avoir les plus grands égards pour le représentant de la France à Bone ; qu'il regrettait donc qu'il eût cru devoir quitter la ville, où il espérait qu'il ne refuserait pas de revenir afin que leurs relations pussent être fréquentes et que le Gouverneur général d'Alger pût être informé, par son intermédiaire, des intentions amicales et pacifiques de son altesse Achmet bey.

Le Consul répondit à cette déclaration qu'il était reconnais-

sant des ordres que le Bey avait donnés, concernant la sécurité de l'agent de la France ; mais qu'accrédité en cette qualité
près du Medjelès de Bone et du commandant de la Casbah,
il avait pensé ne pas devoir rester plus longtemps dans un
pays où l'autorité auprès de laquelle il était envoyé n'existait
plus ; qu'il n'en était pas moins charmé d'apprendre quelles
étaient les intentions du Bey de Constantine et qu'il eût été
heureux de les faire connaître au Gouverneur général, si la
prise de la ville de Bone n'avait pas mis fin à sa mission et ne
l'obligeait à s'éloigner.

Ben Aïssa ne pouvait comprendre quel motif rendait ce
départ obligatoire et il fallut de longues explications pour
qu'il pût s'en faire une idée. Il parut en être vivement contrarié et demanda si ce départ ne pouvait être au moins
ajourné. Le Consul saisit avec empressement cette ouverture
et répondit qu'il oserait prendre sur lui de rester encore en
rade, tant que le pavillon de Bone flotterait sur la Casbah;
mais qu'il serait obligé de partir dès l'instant qu'il en aurait
disparu ; qu'il le regretterait vivement, parce qu'il eût été
charmé de pouvoir continuer ses rapports avec le général et
devenir l'intermédiaire d'un rapprochement entre le Bey et
les Français.

Ben Aïssa se récria en disant qu'il avait les ordres les plus
formels de son maître de s'emparer de la Casbah et de punir
de mort tous les rebelles qui s'y trouvaient. Une nouvelle
discussion fort animée eut lieu sur ce point et se prolongea
jusqu'au moment où ben Aïssa, voyant qu'il ne pouvait vaincre
l'obstination du Consul, finit par consentir à suspendre toute
attaque contre la Casbah, jusqu'à la réception de la réponse que
ferait le Gouverneur général aux lettres qu'il allait lui adresser
par l'intermédiaire du Consul, qui de son côté promit de faire
tout son possible pour hâter leur arrivée. En terminant, le
Consul pria ben Aïssa de traiter avec douceur les malheureux
habitants de la ville, assurant que la France serait d'autant

mieux portée envers le Bey, que celui-ci serait moins sévère
à leur égard.

Ben Aïssa le promit, et comme la conférence s'était pro-
longée jusqu'au coucher du soleil, le Consul se hâta de retourner à son bord, où l'on se disposait au départ, tant on commençait à désespérer de le voir revenir.

V

Aussitôt que le bateau qui l'avait ramené fut retourné à
terre, le Consul ordonna que la chaloupe de la balancelle fût
chargée d'autant de vivres qu'elle pouvait en contenir ; et la
nuit étant alors tout à fait venue, il se dirigea vers un point
de la côte à l'opposé de la ville ; mettant pied à terre, il
monta à la citadelle, où l'on s'empressa de le faire entrer
aussitôt qu'on l'eut reconnu.

Depuis la veille, on y était dans la plus vive inquiétude, et
depuis Ibrahim jusqu'au dernier soldat, tout le monde regardait avec effroi la position dans laquelle on se trouvait, le
manque de vivre ne permettant pas de prolonger la résistance ;
aussi le Consul fut-il reçu comme un sauveur et la salle
d'audience où il fut conduit fut trop petite pour contenir
ceux qui auraient voulu y entrer pour entendre les nouvelles
qu'il rapportait.

Il raconta donc tout ce qui s'était passé, comment la ville
avait été livrée, comment il s'était retiré et comment enfin
ben Aïssa l'avait fait appeler. Il profita de cette circonstance
pour leur faire connaître ce qu'il avait fait pour empêcher
qu'ils fussent attaqués et pour obtenir une sorte de suspension
d'armes, pendant laquelle il espérait que le Gouverneur général à qui il allait en faire connaître l'urgence, enverrait des
troupes pour les protéger d'une manière efficace ou qu'il se

présenterait quelque occasion efficace de les délivrer d'un ennemi dont il n'y avait à attendre ni pitié ni merci ; qu'en attendant, ils devaient redoubler de vigilance pour éviter toute surprise. Il leur annonça qu'il leur avait apporté des vivres pour une dizaine de jours, et qu'ils pouvaient compter qu'il ne les abandonnerait pas, s'ils ne s'abandonnaient pas eux-mêmes.

Ces paroles furent accueillies par un murmure et quelques cris approbatifs qui firent froncer les sourcils d'Ibrahim, mais il sut se contenir, parce qu'il comprit qu'il dépendait désormais du Consul ; il le remercia surtout des vivres, et envoya un détachement les chercher sur-le-champ. Quand ils furent arrivés, le Consul prit congé et voulut se rendre à son bord. Mais les soldats s'opposèrent à son départ, disant qu'il fallait le garder, parce que lui seul pourrait les sauver. Cet incident, qui ne lui convenait pas plus qu'à Ibrahim bey, donna lieu à un débat assez prolongé, qui ne se termina que sur la promesse que fit le Consul de ne pas s'éloigner de la rade et de revenir de temps en temps à la Casbah.

Le jour suivant, ben Aïssa envoya à bord les dépêches destinées au Gouverneur général et le Consul lui fit dire que, ne voulant pas s'éloigner pour tout le temps que nécessiterait le voyage d'Alger, il allait se rendre dans l'est, pour y trouver un bateau corailleur qu'il pût charger de porter ses lettres à leur destination. En conséquence, tout en regrettant de ne pouvoir prévenir la Casbah de son départ, il se dirigea vers le port de la Calle, où en arrivant le lendemain il apprit que les corailleurs, effrayés de la prise de Bone, s'étaient éloignés sur les côtes de la régence de Tunis, où il fallut aller les chercher.

Le 8 mars, on en trouva plusieurs à Tabarca. L'un d'eux fut nolisé immédiatement, reçut les dépêches et fit route pour Alger. Après le départ de ce bateau, qui n'arriva jamais à sa destination et dont on n'a plus entendu parler, un courrier fut expédié de Tunis pour y porter une lettre adressée au capi-

taine Fréart, commandant de la *Béarnaise*, pour lui faire
connaître les événements qui venaient d'arriver et lui demander de revenir le plus tôt possible, si ses instructions le lui
permettaient, afin de concourir à l'exécution des projets qu'il
se réservait de lui faire connaître.

Cela fait, la balancelle remit le cap sur Bone, où les vents
contraires ne lui permirent d'arriver que le 11 mars, dans
l'après-midi.

Le Consul se rendit de suite près de ben Aïssa, pour l'infor-
mer du départ de sa dépêche. Puis, le même soir, il monta à la
Casbah, où son départ avait fait naître des inquiétudes que
son retour dissipa, en augmentant la confiance que la garnison
avait en lui.

Depuis son retour de Tabarca jusqu'au 26 mars, le Consul
renouvela presque journellement ses visites au général, afin
de se tenir toujours au courant de ses intentions et de l'engager à attendre avec patience la réponse d'Alger. Il ne
manqua pas de monter souvent à la Casbah, où il voyait son
influence s'accroître à mesure que l'autorité du bey perdait
du terrain, et il avait soin d'y entretenir les vivres pour
dix jours.

Cependant le temps s'écoulait, il y avait quinze jours que
le bateau corailleur était parti. Ben Aïssa s'impatientait et
répétait sans cesse que les ordres de son maître ne lui permettaient plus de différer.

Enfin, le 26 mars un bâtiment à vapeur, venant de l'ouest,
entra dans la baie; c'était *le Pélican* arrivant d'Alger.

Le Gouverneur général, inquiet du silence de son officier,
avait envoyé ce navire pour prendre des informations. Dans
la lettre qui lui fut remise, le duc de Rovigo apprenait au
Consul que les instructions qu'il avait demandées à Paris,
touchant les affaires de Bone, n'étaient pas encore arrivées. Il
l'autorisait en conséquence à revenir à Alger sur *le Pélican*, s'il
jugeait que sa position ne fût plus tenable et le commandant du

Pélican lui dit qu'à Alger tout le monde s'attendait à son retour.

Mais le Consul était bien loin d'y songer, résolu qu'il était à ne quitter la partie que lorsqu'elle serait complètement perdue et surtout de n'abandonner des gens qui avaient mis leur espérance en lui, qu'après avoir tout fait pour les sauver. Il fit donc connaître sa résolution et ses projets au capitaine Alliez, du *Pélican*, en l'engageant à s'y associer. « Confiez-moi, lui dit-il, une vingtaine d'hommes de votre équipage! Avec eux, je monte ce soir à la Casbah dont la garnison est prête à se joindre à moi, j'y arbore le drapeau de la France et je me fais fort de la défendre, pendant que vous irez annoncer à Alger ce que nous aurons fait. Le Gouverneur général ne balancera plus à envoyer au secours de ce drapeau que nous aurons planté sur le port de Constantine. »

Cette proposition ne fut pas goûtée par celui à qui elle était faite ; il y trouva mille difficultés, basées sur le peu de confiance que l'on devait avoir dans les promesses des Turcs et des Arabes, sans vouloir comprendre que la position désespérée où ils se trouvaient était un garant de leur fidélité. En somme, il refusa de compromettre ses matelots et sa responsabilité, dans une entreprise qui lui paraissait dangereuse, avec très peu de chances de succès. Dès que le capitaine du *Pélican* eut reçu les plis du Consul pour le Général en chef, il fit lever l'ancre et reprit à toute vapeur la route d'Alger.

Il allait doubler le cap de Garde, lorsque l'on vit paraître, à la pointe du cap Roza, une voile venant de l'est et se dirigeant vers la ville. Tous les yeux et toutes les lunettes à bord de la felouque se dirigèrent de son côté, cherchant à la reconnaître ; bientôt on vit qu'elle avait bordé ses avirons pour hâter sa marche, et peu après on reconnut que c'était *la Béarnaise*. La vue de ce navire fit renaître l'espérance dans le cœur du Consul, que le refus du capitaine du *Pélican* avait attristé. Dans son empressement d'embrasser ses amis, dont il était bien certain d'être mieux accueilli, il fit armer la chaloupe de la felouque et se dirigea sur la goëlette, qu'il accosta bientôt. Il y fut reçu comme un homme que l'on avait craint de ne plus revoir.

VI

Le capitaine Fréart lui dit qu'aussitôt que son billet lu avait été remis, il était parti pour Bone, mais que, contrarié par les vents d'ouest et même après avoir essuyé une tempête qui l'avait forcé à se réfugier, à tous risques, dans la mauvaise rade de Byzerte, il n'avait pu doubler le cap Roza que le jour même, et qu'en apercevant une épaisse fumée, qui semblait être celle du canon, il avait employé tous les moyens possibles pour hâter la marche.

Le Consul le remercia avec effusion et lui raconta plus en détail tout ce qui était arrivé depuis la prise de Bone par ben Aïssa jusqu'à ce moment, où il avait le bonheur de se retrouver à son bord, après avoir vu s'éloigner *le Pélican,* dont la fumée et la vapeur leur avaient paru de loin des décharges d'artillerie.

Après ce récit qu'il fit sur le pont et qui intéressa tout le monde, même l'équipage qui l'écoutait à distance, il pria le capitaine Fréart et tous ses officiers d'entrer dans le salon, où il leur fit connaître le dessein qu'il avait formé, les espérances qu'il avait de les voir réussir, d'après la promesse formelle de tous les principaux chefs des soldats d'Ibrahim, et de l'obliger à tenir sa parole de remettre le commandement de la Casbah à celui qui avait su empêcher ben Aïssa de l'attaquer.

Cette ouverture, qui fut accueillie avec transport par le capitaine Jusuph et tous les officiers de *la Béarnaise,* le fut

beaucoup plus froidement par son capitaine. C'était sur lui en
effet qu'allait peser la responsabilité de cette entreprise, sans
être atténuée par une part de danger personnel. C'est sur lui
que retomberait le blâme de son insuccès. C'était donc sa
réputation qui était mise en jeu ; et il n'est pas étonnant qu'il
hésitât.

Cependant il ne refusa pas son concours d'une manière
absolue ; il demanda seulement qu'une dernière tentative fût
faite près de ben Aïssa pour tâcher d'obtenir un nouveau délai
pendant lequel *la Béarnaise* irait chercher la réponse du
Gouverneur général, en supposant que le corailleur ne fût pas
arrivé, ou que le *Pélican* ne la rapportât pas lui-même.

Bien que le Consul fût convaincu de l'inutilité de cette
demande et qu'il vît le danger qu'elle présentait, il consentit
à la faire. Il descendit donc à terre dans la chaloupe de la
balancelle, et se rendit près de ben Aïssa, qu'il trouva fort
impatient de connaître les nouvelles apportées par les deux
navires de guerre arrivés ce jour-là. On voyait bien qu'il
contenait avec peine son irritation et il commença la conversation sans employer toutes les longues formules de politesse
qui précèdent ordinairement les entretiens arabes. « Eh bien !
Consul, dit-il, m'apportes-tu les réponses que nous attendons ?
Allons-nous pouvoir traiter de la paix entre mon maître et le
tien ? Es-tu disposé surtout à me faire remettre la Casbah
entre les mains ? Dans ce cas-là, je consentirai à en laisser
sortir la garnison saine et sauve, même celui qui se fait appeler
Ibrahim bey, comme s'il y avait d'autre bey de Constantine
que mon maître. »

A toutes ces questions rapides, faites d'un ton qui annonçait
une colère à peine contenue, le Consul répondit : « Effendi, je
ne peux malheureusement pas te donner la réponse que j'au-
rais désiré t'apporter. Le vent ou la mer ont sans doute
retardé, s'ils n'ont fait périr, le corailleur que j'avais expédié de
Tabarca à Alger. Car au départ du vapeur, arrivé ce matin, il

n'y était pas encore arrivé et par conséquent le Gouverneur
général n'a pu m'envoyer de réponses aux dépêches qu'il n'a
pas reçues. Désirant savoir de mes nouvelles, il a envoyé ce
bâtiment pour m'en demander, m'autorisant à revenir près de
lui, si je le jugeais convenable. Tu conçois que, après les bons
rapports qui se sont établis entre nous et mon désir d'arriver
aux arrangements qui me permettent de les continuer, je n'ai pas
voulu profiter de la permission qui m'était donnée de m'éloigner de Bone et j'ai écrit à Alger, pour faire connaître dans
quel but je restais ici en relations avec toi. J'espère que par
trop de précipitation tu ne voudras pas contredire ce que j'ai
écrit, que tu attendras les réponses à tes propositions, que j'ai
sommairement expliquées, et que je suis tout prêt, si tu le
désires, à transmettre de nouveau par le bâtiment de guerre
arrivé ce matin de Tunis, en sorte que, de toutes manières,
nous serons bientôt satisfaits. Il ne s'agit donc plus que de
quelques jours de patience.

— Non, Consul, cela est tout à fait impossible; et lors même
qu'à cause de toi je serais disposé à attendre encore, les ordres
de mon maître ne m'en laisseraient pas la possibilité. Il ne
désire pas la rupture de nos négociations, mais il veut qu'elles
continuent dans la Casbah. Ainsi donc, demain je m'en empa-
rerai de vive force, et alors malheur à tous ceux qu'elle con-
tient, ou bien aux conditions que je t'ai dites, si tu m'en fais
ouvrir la porte! — Je le voudrais vainement, car cela ne
dépend pas de moi, et je le regrette, parce que je vois que nos
relations sont bien près de finir.

— Oh! je sais là-dessus à quoi m'en tenir et que, si tu le
veux, la citadelle peut m'être remise sans que j'aie à brûler
une amorce. Montes-y donc dès ce soir, vas y faire connaître
mes propositions, et que demain je la trouve évacuée par sa
garnison dont je t'accorde la vie; sinon le jour de demain sera
son dernier jour. »

Le ton sur lequel ces paroles étaient prononcées prouva

au Consul qu'il devait renoncer à l'espoir de maintenir le *statu quo* et d'obtenir ce qu'il était venu demander. Il comprit qu'il devait se retirer ; ce qu'il fit, en disant qu'il ferait son possible pour amener la solution de la difficulté présente et qu'il espérait pouvoir le lendemain lui soumettre une réponse satisfaisante, en ce qu'elle lui permettrait la continuation de leurs relations. Il retourna à bord de *la Béarnaise* où il avait craint un instant de ne pas pouvoir revenir. Il trouva qu'on commençait à s'inquiéter de sa longue absence, et il raconta ce qui venait de se passer dans cet orageux entretien avec ben Aïssa, ainsi que l'ultimatum par lequel il avait été terminé. « Il n'y a plus, dit-il, que deux partis à prendre : celui de monter à la Casbah et d'y planter le drapeau français, ou bien celui de nous éloigner sur-le-champ, afin de n'être pas témoins de sa prise par les Arabes et du massacre de la garnison, qui avait compté sur la protection de la France. » Entre les deux, l'honneur ne permettait pas de balancer. Aussi fut-il décidé, séance tenante, que la moitié de l'équipage serait mis à terre et monterait à la Casbah, sous les ordres du capitaine d'Armandy.

Cette résolution, qui fut bientôt connue de l'équipage, y excita l'enthousiasme de tous les marins; tous voulurent faire partie du détachement, et ceux qui durent rester à bord virent avec un profond regret leurs camarades faire leurs préparatifs pour débarquer avant le jour. Il ne restait plus qu'à faire connaître et accepter cette détermination par Ibrahim bey et par ses soldats.

Le capitaine d'Armandy prévoyait que le premier ferait des difficultés pour quitter la place et se rendre à bord de *la Béarnaise*, où l'on avait reconnu qu'il était prudent de le retenir ; mais il comptait que les soldats, comprenant qu'ils n'avaient espoir de salut qu'en celui qui les avait nourris et protégés jusqu'à ce moment, le décideraient, de gré ou de force, à quitter une place qui n'était plus tenable, livrée à ses propres forces

Comme il ne fallait pas tarder à être fixé à cet égard, dès que la nuit fut close, le capitaine d'Armandy, accompagné du capitaine Jusuph, qui ne voulut pas absolument le laisser aller seul à cette conférence dangereuse, se rendit à la Casbah.

Introduits aussitôt dans le divan d'Ibrahim, ils le trouvèrent rempli de soldats, tout le monde étant avide de savoir ce qui était arrivé et les nouvelles apportées par les navires que l'on avait vus dans la rade. Ibrahim avait l'air inquiet et sombre. Il caressait alternativement sa barbe ou les pistolets qu'il avait à la ceinture, en jetant sur ses visiteurs et autour de lui des regards farouches.

Sans avoir l'air de remarquer ces signes de mauvaise humeur, le capitaine d'Armandy raconta tout ce qui s'était passé dans cette journée. Il dit que le bateau à vapeur lui avait apporté l'autorisation de quitter Bone, mais qu'il n'avait pu se résoudre à abandonner ses amis de la Casbah, et qu'à l'arrivée de la goëlette, il avait demandé à son capitaine de l'aider à la protéger plus efficacement qu'il n'avait pu le faire jusqu'alors ; que celui-ci, avant de s'y décider, avait demandé qu'il tentât d'obtenir de ben Aïssa le temps d'aller et de revenir d'Alger, qu'alors il s'était rendu près du général d'Achmet, qui lui avait signifié ne pas vouloir attendre un jour de plus ; qu'il s'emparerait le lendemain de vive force de la citadelle, et n'y ferait grâce à personne ; qu'après avoir entendu cette déclaration, il était revenu à bord de la goëlette, bien décidé à défendre ses amis et partager leur sort ; qu'il venait donc leur faire connaître ce qu'il avait résolu pour les sauver de leurs ennemis.

Alors, s'adressant plus particulièrement à Ibrahim bey : « Effendi, lui dit-il, je ne suis venu vers toi, envoyé par mon général, que sur ta promesse de céder la Casbah à la France, lorsqu'elle te la demanderait. Le moment est venu de tenir ta parole. Remets entre mes mains cette citadelle que tu ne peux plus défendre et je me chargerai de le faire, avec l'ami qui est

venu avec moi, avec les marins de la goëlette et avec tes
soldats que je prends sous ma protection et que je promets de
ne quitter que quand ils n'auront plus rien à craindre. Quant
à toi, viens avec moi à bord de la goëlette, tu y seras reçu
avec tous les égards qui te sont dus et traité comme l'hôte de
la France. Sois sûr que tu ne peux rien faire de mieux dans
ton intérêt et dans celui de tous ces braves gens, qui me
connaissent assez pour ne pas douter de ce que je dis. »

Ibrahim écouta cette proposition en silence, tandis qu'un
murmure approbateur lui prouva qu'elle était goûtée de l'as-
semblée et qu'il ne serait pas soutenu s'il refusait de l'accepter.
Aussi répondit-il qu'il était prêt à tenir sa promesse et à
remettre la Casbah à la France, mais qu'il aimait trop ses
soldats pour s'en séparer et qu'ainsi il était prêt à partir avec
eux, si la goëlette pouvait les recevoir tous. L'adroit Osmanli
savait bien que cela était impossible; aussi résista-t-il à tout
ce qu'on put lui dire pour l'engager à changer d'avis et déclara
qu'il était décidé à ne sortir que s'il était accompagné de tout
son monde et non pas seulement de trois ou quatre qu'on lui
avait offert de prendre avec lui.

« Alors, Effendi, lui dit le capitaine d'Armandy, il ne me reste
plus qu'à prendre congé de toi et de tous ces braves gens qui
nous entourent, en faisant des vœux pour que vous n'ayez
pas à regretter bientôt de n'avoir pas accepté la proposition
que je viens de vous faire. » Il avait à peine achevé de parler
que tous les assistants s'écrièrent qu'ils ne voulaient pas le
laisser partir, qu'il fallait au contraire qu'il restât avec eux.
Ibrahim essaya en vain d'imposer silence, on ne l'écouta pas.
Le tumulte allait croissant et Dieu sait comment il aurait pris
fin, au milieu de cette foule d'hommes armés, si le capitaine
Jusuph, que sa qualité de musulman et la facilité avec laquelle
il parlait la langue turque faisaient écouter volontiers, n'était
parvenu à ramener un peu de calme qui permit de s'expliquer
et de s'entendre.

Après force paroles, cette orageuse séance se termina aux conditions suivantes : Les deux officiers pouvaient se retirer, le Consul promettant de rester à bord de sa felouque, mouillée près de terre, dans l'anse du Kasr-Aïn, afin qu'il fût toujours facile de communiquer avec lui et de le tenir au courant de ce qui serait décidé avant le matin.

C'est depuis cette nuit de dangers courus en commun, que la liaison déjà commencée entre les capitaines Jusuph et d'Arman dy devint une amitié fraternelle que la mort seule a pu briser.

VII

Ils eurent alors la liberté de sortir, mais avant qu'ils fussent arrivés sur la plage où ils allaient se séparer, l'un, pour retourner sur *la Béarnaise*, l'autre sur la felouque, ils entendirent que le bruit et les cris avaient recommencé dans la Casbah. Cela dura près de deux heures; on entendait des bruits tantôt sourds, tantôt plus éclatants ; enfin, deux coups de feu partirent, après lesquels tout rentra dans le silence.

Ce ne fut qu'après un temps qui parut bien long et bien après minuit, qu'un jeune turc vint à la nage à bord de la felouque, annoncer qu'à la suite d'une longue discussion, Ibrahim, exaspéré de l'insistance que l'on mettait à l'engager à quitter la Casbah, avait tiré sur ses soldats ses deux pistolets ; qu'alors on s'était jeté sur lui, on l'avait désarmé et qu'il était prisonnier; que depuis, l'anarchie régnait dans la Casbah et qu'il était à craindre qu'elle ne fût abandonnée par sa garnison affolée, si le Consul ne se hâtait de venir la calmer par sa présence.

Comprenant qu'il n'y avait pas un instant à perdre, le Consul ordonna au Turc de remonter à la citadelle et d'y annoncer sa prompte arrivée. Le capitaine Jusuph retourna à la Casbah pour tâcher de ramener les esprits. Le capitaine d'Armandy se rendit sur-le-champ à bord de la *Béarnaise*.

Il était à peine deux heures du matin quand il y arriva. La nuit était profonde, mais il importait de ne pas attendre le jour pour que le débarquement ne fût pas aperçu des Arabes. Le détachement qui était tout préparé fut réuni sans bruit, embarqué dans les canots et mis à terre dans une petite baie au nord-ouest du rocher du Lion, que l'on avait reconnu d'avance.

Le détachement se composait du capitaine d'Armandy, commandant, le lieutenant de frégate du Couëdic, l'élève de première classe de Cornulier, 24 sous-officiers et marins, deux maréchaux des logis d'artillerie et un canonnier ; en tout 31 hommes et un mousse tambour.

Lorsqu'on fut près de la Casbah, après avoir escaladé les rampes rapides de ce côté de sa position, le jour commençait à poindre. Jusuph fit lancer à ses amis une corde par une embrasure, car il ne fallait pas songer à les faire entrer par la porte unique de la Casbah qui est vue de la ville et probablement surveillée. Tout le détachement fut bientôt à l'intérieur de la Casbah. Le premier soin du capitaine d'Armandy, après avoir reçu les promesses de fidélité par la bouche du bacchaouch Hussein et des caïds Omar et Ibrahim, fut de conduire le détachement au pied du bâton du pavillon où flottait le drapeau rouge d'Ibrahim bey. Un pavillon français lui fut substitué et, après un petit discours énergique, arboré. Tandis que les marins présentaient les armes, le tambour battait aux champs et un coup de canon pour l'assurer attira l'attention des Arabes.

Le capitaine d'Armandy, suivi de son état-major et des principaux chefs de la garnison, parcourut ensuite les remparts et détermina les points où devaient être placées les sentinelles françaises. Comme il avait su de ben Aïssa lui-même que son plan d'attaque consistait à enfoncer à coups de canon la porte de la Casbah et à y lancer à l'assaut ses colonnes, on s'empressa d'étançonner fortement cette porte et de former, en arrière d'elle, une très forte barricade en y amoncelant toutes les pierres que l'on put trouver.

Pendant ce temps, le jour avait grandi et permettait de voir aisément du haut du rempart les soldats de Constantine, courant dans les rues de la ville, se préparant à l'attaque projetée par leur général.

Il serait impossible de donner une juste idée de l'effet produit sur les assiégeants par la vue du drapeau français flottant sur la Casbah. Ils le regardèrent d'abord en silence, ne pouvant en croire leurs yeux et le saluèrent de leurs cris et de leurs injures, quand ils ne purent plus douter qu'ils n'étaient pas l'objet d'une illusion. Bientôt les rues devinrent désertes, et l'on vit des cavaliers, sortant de la porte de Constantine, se diriger au galop vers le camp, sans doute pour porter à ben Aïssa la nouvelle de cet événement. Ils revinrent à toute bride et l'on vit un soldat très bien vêtu et portant un drapeau blanc se diriger vers la Casbah, en montant la colline sur laquelle elle est bâtie. Il demanda à remettre une lettre au Consul. Comme la porte était condamnée, on descendit un panier avec une corde, où il plaça sa dépêche; elle ne contenait que deux lignes :

« Consul, tu m'as trompé lorsque j'avais mis ma confiance
« en toi. Mais, avec l'aide de Dieu, j'espère bientôt t'en faire
« repentir. »

Le capitaine d'Armandy répondit :

« Je ne peux t'avoir trompé, car je ne t'ai rien promis, que
« de faire mon possible pour ne pas m'éloigner et continuer
« nos bonnes relations ; c'est ce que je suis toujours prêt à
« faire. »

Le parlementaire emporta cette dépêche. Peu de temps après, on vit de la Casbah des détachements de Constantine, à pied et à cheval, se diriger vers la baie des Caroubiers, dans le but évident d'intercepter la communication entre la mer et la Casbah. Cette manœuvre était fort inquiétante, car il ne restait plus que peu de vivres dans la Casbah et le détachement qui venait d'y entrer n'avait pu en apporter qu'une petite quantité. Il fallait donc maintenir la communication libre entre les navires et la Casbah. Les Français aussitôt montés s'étaient empressés d'établir un mât de signaux qui leur permettrait de communiquer avec la *Béarnaise,* au moyen de signaux convenus. On pouvait ainsi se faire connaître mutuellement ce qui intéressait et entre autres si la communication était libre, car les versants vus par la *Béarnaise* étaient défilés de la vue de la Casbah et *vice versa.*

Au moment donc où les colonnes ennemies allaient fermer cette ligne de communication, on vit de la Casbah un groupe de cavaliers, sans doute des chefs, arrêté sur une éminence pour mieux voir la configuration du terrain et bloquer efficacement la citadelle. Le capitaine d'Armandy n'était plus consul. Il donna l'ordre au maréchal des logis Colomb, dont il connaissait l'adresse et le coup d'œil juste, de mettre tout son savoir-faire en action pour envoyer un boulet dans ce groupe. Le coup partit. Un cheval, sans maître, s'élança dans la plaine suivi des autres cavaliers. Cet heureux coup de canon produisit une véritable débâcle ; les fantassins suivirent les cavaliers, et le chemin de la mer se trouva complètement dégagé. On en profita pour signaler à la *Béarnaise* d'envoyer à la côte les embarcations préalablement chargées de vivres, que la moitié de la garnison turque reçut ordre d'aller chercher et d'apporter à la Casbah. Une heure après la Casbah était approvisionnée à vingt jours de vivres.

Qu'était devenu Ibrahim bey ? Les Français étaient convaincus qu'on l'avait assassiné. Ce ne fut que longtemps après,

qu'ils surent la vérité. Commis à la garde de quatre Arabes de
la garnison, il sut les corrompre et s'évader avec eux. Il était
alors réfugié dans une tribu.

Dès lors la Casbah n'avait plus rien à craindre des ennemis
du dehors, à condition toutefois de faire bonne garde. Dans
ce but, les marins furent partagés en deux groupes ou corps
de garde fournissant les sentinelles chargées de la surveillance des remparts. Le premier de ces corps de garde occupait
le réduit supérieur de la Casbah, c'est-à-dire la batterie nord
et les anciens logements d'Ibrahim, où se trouvait tout l'état-
major : les deux capitaines, les deux officiers de la *Béarnaise*,
un second maître, les deux maréchaux des logis et le canonnier,
Hussein Bachaouch, caïd Omar, Ibrahim Aga et Kalil bach Topgi
(chef de l'artillerie). Quant à la garnison turque, elle reçut
l'ordre de rester jour et nuit à son poste sur les remparts, à
l'exception du réduit, car il paraît tout simple aux Turcs de
coucher toujours dehors, quel que soit le temps. Les rondes
devaient être fréquemment faites, à des heures indéterminées;
elles étaient faites par un des 3 officiers français accompagné
d'un sous-officier, d'un des chefs de la garnison turque et de
deux ou trois Turcs désignés par Hussein.

Le second corps de garde français était établi dans la vieille
mosquée de la Casbah.

Le tambour, porté par un mousse de 15 ans, dut battre la
diane, les heures des repas, la retraite, aux champs pour les
honneurs du pavillon, la retraite et au besoin la générale pour
le branle-bas de combat.

Les officiers mangeaient ensemble, les sous-officiers français
et musulmans réunis à la même table, les marins en deux
plats; les Turcs recevaient leur pitance à leur poste de combat.

La journée du 27 mars, qui avait été si agitée et occupée
jusqu'au soir, fut suivie d'une nuit très calme, nul bruit inquié-
tant ne se fit entendre, mais la surveillance n'en fut pas moins
active. Le 28 se passa sans brûler une amorce, bien que les

assiégés pussent reconnaître qu'on avait travaillé pendant la
nuit à la batterie masquée destinée à enfoncer la porte de la
Casbah. On constata également un grand mouvement de cavaliers aux alentours du camp et de la ville. Cela indiquait
quelque projet qu'on ne pouvait deviner au juste; mais on
veillait avec le plus grand soin. A deux heures du matin, un
coup de fusil tiré près du mât du pavillon et le cri aux armes
répété par les sentinelles mirent toute la garnison sur pied.
Le marin qui avait tiré ayant été interrogé, répondit qu'ayant
entendu distinctement marcher une troupe, il avait tiré son
coup de fusil et appelé aux armes.

L'obscurité était trop profonde pour que l'on pût rien dis-
tinguer et on n'entendait aucun bruit ; on réunit une partie de
la garnison sans bruit sur ce point et on attendit en silence.
Vers 4 heures du matin, on entendit distinctement le bruit
d'une troupe marchant avec précaution; l'ennemi toujours
invisible s'approchait, et lorsqu'on jugea qu'il n'était plus
qu'à une cinquantaine de mètres du rempart, le commandant
fit ouvrir sur lui une vive fusillade. Le jour qui se fit une
demi-heure après permit d'apercevoir quelques flaques de
sang et trois échelles abandonnées sur le versant de la colline.

Cette tentative de surprise par escalade ayant échoué, on
s'attendait à ce que ben Aïssa aurait recours à sa batterie
masquée, mais il n'en fit rien et la journée se passa sans
poudre. La Casbah dominant la ville, on découvrait aisément
tout ce qui s'y passait. Il y régnait la plus grande agitation;
c'était dans les rues un va-et-vient perpétuel d'hommes et de
bêtes de somme, qui sortaient de la ville chargés de bagages.
La ville était livrée au pillage des soldats. On vit les malheureux habitants, emportant ce que la rapacité du soldat leur
avait laissé, s'acheminer vers le camp, pressés par les cour-
bachs des cavaliers, et bientôt une fumée épaisse, sortant des
différents quartiers, montra que ben Aïssa brûlait, après les

avoir pillées, les maisons de ceux qui s'étaient rendus à lui sous promesse de merci.

Ce spectacle était navrant pour tout le monde, surtout pour la garnison dont les familles étaient emmenées en esclavage et pour le capitaine d'Armandy qui avait eu des rapports amicaux avec plusieurs d'entre eux. Malheureusement il n'y pouvait rien, car le canon qu'il aurait fait tirer aurait fait plus de mal à ses amis qu'à ses ennemis. Il fallait donc rester spectateur impuissant de ce triste exode de la population de Bone

Le parti pris par ben Aïssa de se retirer après le léger échec de la nuit précédente semblait inadmissible ; le camp des Arabes avait été levé, l'armée assiégeante avait disparu derrière les coteaux de l'ancienne Hippone ; mais on pensait dans la Casbah que c'était une ruse pour endormir la vigilance de la garnison. La nuit fut calme ; de la ville s'élevait de temps à autre une gerbe de flammes. Le jour montra la plaine absolument déserte.

Dès le 27 au soir, la felouque *la Casauba* après avoir versé le reste de ses vivres à la *Béarnaise* était partie pour Alger. Elle portait au Gouverneur général le billet suivant, du capitaine d'Armandy :

« Mon général, à la tête de 26 marins que m'a confiés le « capitaine de la *Béarnaise*, je suis entré ce matin dans la « Casbah de Bone, où nous avons cent trente Turcs et Arabes « pour auxiliaires ; je m'en défie malgré leurs protestations de « fidélité ; l'armée du bey de Constantine, maîtresse de la ville, « nous tient assiégés. Malgré tout, nous garderons, je l'espère, « cette citadelle à la France jusqu'à l'arrivée des renforts que « je vous prie de m'envoyer. »

Dans la journée suivante, 29 mars, plusieurs cavaliers très bien montés et armés de fusils élégants vinrent causer sous la muraille pour prendre langue. On leur dit qu'il y avait 300 Français dans la Casbah. Ils vendirent du lait, des poules

et quelques moutons. Mais on eut grand soin de les empêcher
de causer avec la garnison musulmane. Ils nous dirent que les
goums d'un certain nombre de tribus suivaient l'armée de
Constantine, épiant une occasion favorable pour faire sur elle
du butin. Ils finirent par offrir leurs services, mais, comme
leurs belles armes et leur prestance firent soupçonner qu'ils
étaient de l'armée de Constantine, on les éconduisit. Les
cavaliers en se retirant contournèrent une partie du fort assez
rapidement pour qu'on ne pût pas les suivre le long du rempart.

En rentrant vers le réduit, un Turc arrêta les deux capitaines
pour leur rendre compte qu'on venait d'entendre un des
zouaves de la garnison parler clandestinement à ces cavaliers. Jusuph demanda de suite au commandant ce qu'il voulait
faire. — Prouver la culpabilité et le mettre à mort sur-le-
champ. — Deux Turcs amenèrent l'accusé, devant la porte du
Divan. Nos hommes se formèrent en armes devant la maison.
Un assez grand nombre de Turcs, paraissant très animés, fermèrent le demi-cercle.

C'était un Arabe, un zouave, de la physionomie la plus re-
poussante, toujours rétif à l'obéissance. Il était alors pâle de
frayeur, son regard hagard cherchait par où il aurait pu
fuir.

Trois témoins déposèrent l'avoir entendu dire aux cavaliers
arabes : La citadelle a été livrée aux chrétiens par les juifs,
mais il y a ici de bons musulmans qui sauront bien s'en défaire.
— Tiens, voilà du juif! s'écria Jusuph en lui portant un coup
de sabre qui l'abattit à ses pieds. Le malheureux zouave s'en-
fuit par le couloir; Jusuph le poursuivait, le sabrant quand il
pouvait, et les factionnaires français et turcs déchargeaient
leur fusil sur le fuyard qui sauta du terre-plain dans la cour
et saisit une grosse pierre, mais un coup de sabre de Jusuph
l'abattit à ses pieds. Un des jeunes Turcs qui nous servaient
lui tira à bout portant un coup de fusil dans l'oreille.

La plupart des Turcs étant assemblés près du mort, le capitaine Jusuph donna l'ordre de désarmer et garrotter les hommes de sa tribu. Ils étaient six qui furent amenés tremblants. Hussein Bachaouch jura sur sa tête que trois d'entre eux étaient incapables de trahison. Jusuph lui ordonna de décapiter un des trois autres. Celui désigné se tordait les bras en demandant grâce, il parvint même à jeter bas son turban en signe d'humiliation. Lâche! lui dit Hussein, respecte au moins le turban que tu n'es pas digne de porter. Et il lui abattit la tête à coups de yataghan. Un second zouave eut le même sort; le troisième était un très bel homme, à l'air calme et intrépide. Son attitude inspira de l'intérêt et le commandant ordonna de le conduire à bord de la *Béarnaise*. Mais la nuit s'était faite, on ne voulut pas exposer l'escorte à tomber dans une embuscade.

Ordre fut donné à un Turc de fusiller ce zouave ; le Turc appuie son fusil à l'épigastre du patient et fait feu, le coup rate; Mustafa amorce de nouveau et l'intrépide Arabe est foudroyé sans avoir connu la peur. — C'est égal, dit Mustafa en rechargeant son arme, j'aimerais mieux couper la tête à cinquante juifs, que tuer un homme comme celui-là.

Après ces exécutions, les Turcs furent renvoyés à leurs postes et le service continua comme à l'ordinaire.

L'arabe Calib, le bach Topgi, qui n'était peut-être pas innocent, fit dire qu'il était malade et ne parut pas. Hussein Bachaouch supplia en vain le commandant de le faire décapiter aussi. Mais le capitaine d'Armandy résista; il n'y avait pas de charges sérieuses établies contre lui et Calib pouvait être utile à son tour pour surveiller les Turcs.

Au moment de ces exécutions, et avant la chute du jour, le capitaine Freart, avisé par le mât de signaux de ce qui se passait, envoya à la Casbah un renfort de cinq matelots ; on fut bien touché, dans le fort, de cette marque d'abnégation.

Lorsque le capitaine Jusuph sortit pour faire sa ronde à son tour, la plupart des Turcs se levaient pour lui baiser les épaules; désormais il serait leur chef, puisqu'il était si homme d'action. Ils disaient aussi que les suppliciés avaient depuis longtemps mérité leur sort par la manière dont ils rançonnaient Ibrahim bey.

Le même soir, la balancelle *la Casauba* revint au mouillage; elle avait trouvé la mer si grosse qu'elle n'avait rien gagné en louvoyant. On la fit repartir dès qu'elle eut complété sa provision d'eau.

Le 30 au matin le reïs du port de Bone, Ali, qui avait eu des relations fréquentes avec le Consul, arriva à la Casbah; il portait son yataghan et des pistolets; il prétendit s'être évadé de l'armée de Constantine. Cela était peu vraisemblable, puisqu'il était armé; aussi les Turcs demandaient-ils sa tête. Le capitaine d'Armandy ordonna qu'il fût conduit à la *Béarnaise*. Le même jour, un des zouaves qui s'était enfui avec Ibrahim bey vint à la Casbah. Son maître faisait demander au commandant s'il pouvait revenir avec sécurité. On lui en donna l'assurance, s'il revenait avant trois jours; mais, s'il laissait passer ce délai, il serait considéré comme un ennemi.

Le 31 mars la tribu des sen Hadga envoya deux cavaliers sous les murs de la Casbah demander l'autorisation de piller la ville déserte. Elle lui fut refusée; la tribu était campée hors de la portée du canon. On vit alors des groupes peu nombreux se diriger successivement vers la ville. Quelques coups de canon furent impuissants pour les en empêcher, et la tribu entière fut bientôt entrée isolément. Les Turcs qui voulaient garder le pillage pour eux-mêmes étaient encore plus indignés que les Français de cette insulte à notre drapeau.

Hussein Bachaouch, caïd Omar, caïd Ibrahim, vinrent demander au commandant de les laisser sortir de la Casbah avec les Turcs et de s'embusquer pour surprendre ceux qui se retireraient chargés de butin. La permission accordée, une quarantaine de Turcs descendirent par la corde qui avait introduit les Français dans la Casbah, et, se glissant ainsi sans être vus des Arabes, ils s'embusquèrent derrière des cactus, près de la porte de Constantine. On mit les pièces voyant la ville en état de tirer,et on prévint par signaux la *Béarnaise* qui envoya sa chaloupe, armée d'une canonnade de 12, vers la porte de la Marine. Quand l'embuscade fut prête, la Casbah bombarda la ville avec ses deux mortiers et ses pièces de canon. Les sen Hadja, affolés par cette pluie de projectiles, s'enfuyaient vers les portes; mais, à la porte de la Marine, ils étaient mitraillés par la chaloupe; à la porte de Constantine, ils étaient fusillés par l'embuscade. Une soixantaine d'entre eux passa en courant entre la mer et la Casbah, essuyant une fusillade continue. Le succès fut complet, les pertes des sen Hadja assez sérieuses; de notre côté, un Turc seulement fut blessé.Les Turcs rapportèrent quatre têtes, trois chevaux, un grand nombre d'armes, des burnous, quelques couvertures et autres objets de pillage.

Quatre marins, commandés par le second maître Daunac, avaient été envoyés à la plage porter un pli à la *Béarnaise*, ils tombèrent dans une colonne de fuyards qui les attaqua avec rage. Sans se déconcerter, ils battirent en retraite et tuèrent deux Arabes à coups de baïonnettes. Ils revinrent à la Casbah avec leurs capotes trouées, mais sans blessures.

Le butin rapporté par les Turcs fut vendu aux enchères et le produit en fut partagé entre les capteurs. Les Turcs firent hommage du meilleur des trois chevaux à sidi Jusuph.

Le succès de cette petite affaire agit vivement sur l'esprit des Turcs, qui étaient depuis huit mois enfermés dans le fort; le bachaouch Hussein avertit le commandant que la garnison musulmane commençait à murmurer d'être ainsi renfermée et que tous, sachant maintenant la retraite définitive de ben Aïssa, avaient une telle envie de sortir, qu'il y avait à craindre une sédition sérieuse si on voulait les retenir.

Le soir on fit venir de la *Béarnaise* tout le tabac acheté à Tunis; on le partagea également entre les Turcs. Le comman-

dant leur annonça aussi qu'ils étaient à la solde de la France
depuis le jour de l'entrée des Français dans la Casbah, à raison
d'un boudjou par jour. Et pour payer le premier à-compte, un
emprunt fut fait à toutes les bourses, tant à la Casbah qu'à la
Béarnaise. Cette collecte permit de donner dix jours de solde
à toute la troupe musulmane.

Depuis quelques jours, les corailleurs avaient fait leur appa-
rition sur la rade de Bone, et le capitaine Fréart avait pu
louer quelques-uns de ces Italiens pour le service du bord.
Cela lui permit d'envoyer un nouveau petit renfort ; en sorte
que les Français se trouvèrent être 45 dans la Casbah.

Le 1er avril, le fidèle Hussein bachaouch vint prévenir le
commandant que l'insurrection était prête à éclater. Tous les
Français reçurent ordre de rentrer dans le réduit, ordre leur
fut donné de tomber sur la garnison musulmane à coups
de baïonnettes, lorsque le commandant crierait : Mort aux
Turcs !

Puis les musulmans furent mandés, mais la tête de leur
colonne put seule pénétrer dans le réduit à cause de la ligne
des Français qui empêchait d'aller plus loin. Le reste des Turcs
était donc engouffré dans le couloir et restait au dehors du
réduit. Jusuph leur dit alors : Vous avez vu par le combat d'hier
que vous êtes assez forts pour sortir du fort ; vous allez
donc aller occuper la ville pour empêcher les bédouins de la
piller.

Les Turcs acceptèrent avec joie la proposition, mais en demandant que Sidi Jusuph les commandât et y vînt avec eux.
Il le leur promit sans hésiter. Ils furent de suite préparer
leurs effets et descendaient par la corde à mesure qu'ils étaient
prêts. Quand ils furent presque tous en bas, ils se crurent
mystifiés et sommèrent à grands cris Jusuph de tenir sa parole.
Malgré les supplications du commandant et celles des officiers
et marins, l'intrépide Jusuph parut à l'embrasure, et descendant
par la corde se plaça au milieu d'eux. Quand tous furent prêts,

il monta le cheval de prise qui lui avait été offert et qui était assez beau. Puis prenant la tête de la colonne il entra dans la ville, drapeau français déployé.

Jusuph entré en ville harangua ses soldats. Il leur fit observer que leur petit nombre exigeait une extrême surveillance et une discipline parfaite. Qu'en conséquence le même ordre de service que dans la Casbah serait établi dans la ville. Tout le monde aux remparts. Tout homme trouvé dans la ville serait décapité. Ensuite la troupe fut divisée en trois sections et chacune dut s'occuper immédiatement de barricader une des portes.

Jusuph se forma une garde qui ne le quittait jamais. Hussein, Omar, Ibrahim, et quelques simples soldats comme Mustafa, Achmet, etc., en tout une dizaine. Il occupait avec eux une belle maison au centre de la ville. Tous ces prétoriens, d'une bravoure à toute épreuve, l'accompagnaient partout et veillaient sur lui.

Dans la Casbah, bien qu'en trop petit nombre pour résister à une tentative sérieuse d'escalade, qui n'était guère probable, les Français étaient tranquilles, mais parlaient sans cesse des dangers de leur ami Jusuph. Dans la ville, Jusuph fit recueillir la laine répandue dans les rues et en composa un grand approvisionnement. Un seul homme vivant fut trouvé dans la ville; un fou, soi-disant marabout.

A bord de la *Béarnaise*, l'équipage était réduit à 15 Français et 10 Italiens. Elle n'avait plus d'autres armes à feu que ses caronnades.

Par prudence les musulmans descendus en ville n'avaient reçu que les vivres de la journée et on continua à leur délivrer leur ration journalière seulement, tous les matins.

Le 4 avril, on aperçut un bateau voilé en chebec qui entrait dans la rade, venant de l'est, à voiles et à rames, car il faisait presque calme. Il se dirigeait vers la baie du fort Génois où il paraissait vouloir jeter l'ancre. Le commandant envoya par

terre l'élève de première classe de Cornulier, à la tête de 8
matelots, en lui recommandant de défiler son détachement
derrière la broussaille qui couvrait le terrain, afin de saisir
ceux qui débarqueraient. En même temps il signalait à la
Béarnaise d'envoyer sa chaloupe couper la retraite au chebec
du côté de la mer.

Le détachement surprit et désarma un beau grand jeune
homme richement vêtu et cinq Turcs bien armés qui l'accompagnaient. En même temps la chaloupe de la *Béarnaise*
amarinait sans résistance le chebec qu'elle amena mouiller
près de la goëlette. Cette petite expédition ne laissait pas
d'être hasardeuse, car le débarquement se faisait à 5 kilomètres de la Casbah. Cornulier amena ses prisonniers à la Casbah. Là le jeune homme arrêté déclara être le fils d'Ibrahim
bey et se nommer Ismaïl. Il avait été envoyé sur les côtes de
la régence de Tunis pour recruter des Turcs et il en ramenait
une quarantaine.

Ismaïl ben Ibrahim avait environ 24 ans ; il était armé d'un
fusil d'une longueur extraordinaire (2 mètres 30) et d'un beau
yataghan ; son costume était recouvert d'un burnous rouge à
franges d'or et un beau châle entourait sa tête. Son codja
(secrétaire) était un bel Arabe vêtu de laine blanche. Les 4
Turcs prisonniers étaient de même genre que ceux de la troupe
d'Ibrahim bey. A bord du chebec on trouva 34 Turcs bien
armés, heureusement ils n'eurent pas l'idée de se défendre, car
la goëlette ayant envoyé tous ses fusils à la Casbah, sa chaloupe n'avait d'autres armes que sa canonnade, quelques
sabres et piques.

Les prisonniers refusèrent d'abord de manger : ils craignaient
d'être empoisonnés ; mais ils furent bientôt rassurés en voyant
les Français manger avec eux : et les Turcs arrivés par le
chebec ne firent aucune difficulté de s'enrôler dans la troupe
de Sidi Jusuph.

Malgré ces petits épisodes, on était fort impatient de voir

cesser une situation aussi tendue, surtout dans la ville ; et chaque jour, aux premières clartés de l'aube, tous les yeux se tournaient vers le cap de Garde. Ce fut le 8 dans l'après-midi, qu'on entendit enfin le cri si désiré : *Un navire à la pointe !* On put bientôt reconnaître un brick de guerre français entrant dans la baie. L'ordre fut aussitôt donné de le saluer et le capitaine Jusuph ayant entendu le canon de la Casbah, et compris sa signification, fit sortir les Turcs pour exécuter une fantasia de bonne arrivée. En sorte que tout ce fracas fit croire à bord du brick qu'un combat était engagé. Le canot de la *Béarnaise* qui fut à bord du brick, y trouva, sous les armes et sac au dos, une belle compagnie de grenadiers du 4e de ligne, toute prête à débarquer pour prendre part à l'affaire. A leur arrivée à terre ils trouvèrent un détachement de marins et les Turcs qui leur firent le plus cordial accueil.

Le brick la *Surprise* fut suivi le lendemain par la frégate la *Bellone*, les gabares la *Truite* et l'*Astrolabe*, qui apportaient le reste du bataillon du 4e de ligne [1].

Le capitaine d'Armandy reçut par la *Surprise* la lettre suivante du duc de Rovigo :

« Je vous avais envoyé la *Surprise* avec une réponse à « votre lettre du 24. Ce bâtiment était sous voiles, lorsque la « *Casauba* m'apporta la nouvelle de ce qui est survenu à « Bone depuis le départ du *Pélican*.

[1] La compagnie de grenadiers du 4e de ligne était forte de 120 hommes; elle était commandée par le capitaine Huphty. Le contraste de cette troupe avec les Turcs était frappant. Les grenadiers, grands, frais et roses, bien vêtus, armés de fusils luisants, ayant leur fourniment bien astiqué, représentaient l'armée civilisée, pas encore aguerrie, pas bronzée par le bivouac, mais pleine de bonne volonté, de confiance et d'abnégation. Les Turcs, déguenillés, armés, sans uniformité, de tailles inégales, mais bronzés par les fatigues, les bras nus, brûlés par le soleil, vigoureusement musclés, étaient des mercenaires de profession. Une bande sans cohésion, où l'individu est isolé dans le rang. Un artiste les eût bien préférés à nos soldats, mais nos soldats présentaient une force plus réelle, parce qu'ils avaient la discipline et l'esprit de corps.

« On ne pouvait pas mieux faire que vous avez fait. Vous
« avez justifié le proverbe : Aux grandes situations, il faut de
« grands courages. Fasse la fortune que vous réussissiez!

« Je fais rentrer la *Surprise* pour prendre cent soldats que
« je vous envoie. Demain la *Truite* partira avec 200 et la
« *Casauba* chargée de vivres.

« Soyez prudent autant que vous avez été brave, et ne com-
« promettez rien. Recevez mon compliment avec l'assurance
« de mon admiration.

« DUC DE ROVIGO.

« Alger, 4 avril 1832. »

La conquête de Bone était dès lors définitive.

Le 15 mai, les frégates *Didon* et *Calypso* venant de France,
avec un convoi, apportèrent à Bone 1200 hommes du 55ᵉ de
ligne et une batterie d'artillerie aux ordres du général Monk
d'Uzer, qui venait prendre possession de Bone. C'était l'expli-
cation un peu tardive du silence du ministère aux demandes
du duc de Rovigo.

On avait trouvé dans la Casbah 43 pièces de canon sur
affûts, 23 sur chantiers, et 30,000 kilos de poudre.

La *Béarnaise* reçut communication de l'ordre du jour
suivant :

Ordre du jour du Général en chef de l'armée d'Afrique.

« Le Général en chef s'est empressé de porter à la connaissance de l'armée la brillante conduite des officiers et de l'équipage de la goëlette de guerre la *Béarnaise* et de MM. les
capitaines d'Armandy et Jusuph.

« Cette goëlette devant arriver prochainement, le général en
chef ordonne ce qui suit :

« Lorsque la *Béarnaise* rentrera dans la rade d'Alger, elle
sera saluée par les batteries de 15 coups de canon ; et une

députation, composée du chef d'état-major général de l'armée, d'un officier d'état-major, d'un officier supérieur et deux offi- ciers, par corps ou régiment, se rendra à bord de la *Béarnaise*, pour présenter au capitaine Fréart, ainsi qu'à ses officiers et à son équipage, la satisfaction de l'armée.

« LE DUC DE ROVIGO, général en chef de l'armée.

« Alger, 13 avril 1832. »

(Extrait de la *Revue de Bretagne et de Vendée.* — Septembre 1882.)

Nantes. — Imp. Vincent Forest et Émile Grimaud, place du Commerce, 4.

www.ingramcontent.com/pod-product-compliance
Lightning Source LLC
LaVergne TN
LVHW021659080426
835510LV00011B/1486